DÉPOT GÉNÉRAL DE LA MARINE.

DÉTERMINATION
DES LONGITUDES
AU MOYEN DES CHRONOMÈTRES.

OBSERVATIONS
POUR LA DÉTERMINATION DES LONGITUDES
DES ILES
TAITI, ANA, FAARAVA, TAROA, MANIHI, AUURA, RAIROA,

Par M. ADAM KULCZYCKI;

DISCUSSION
Par M. VINCENDON-DUMOULIN,
Ingénieur-hydrographe.

PRIX : 50 CENTIMES.

Extrait des Annales hydrographiques (1850).
(IIe Partie.)

PARIS,
IMPRIMERIE ADMINISTRATIVE DE PAUL DUPONT,
Rue de Grenelle-Saint-Honoré, 45 (ancien 55).

1851

DÉTERMINATION

DES LONGITUDES

AU MOYEN DES CHRONOMÈTRES

OBSERVATIONS

POUR LA DÉTERMINATION DES LONGITUDES

DES ILES

TAITI, ANA, FAARAVA, TAROA, MANIHI, AUURA, RAIROA,

Par M. ADAM KULCZYCKI;

DISCUSSION

Par M. VINCENDON-DUMOULIN,
Ingénieur-hydrographe.

PRIX : 50 CENTIMES.

Extrait des Annales hydrographiques (1850).
(IIe Partie.)

PARIS,

IMPRIMERIE ADMINISTRATIVE DE PAUL DUPONT,
Rue de Grenelle-Saint-Honoré, 45 (ancien 55).

1851

DÉTERMINATION

DES LONGITUDES

AU MOYEN DES CHRONOMÈTRES.

OBSERVATIONS FAITES A TAÏTI ET AUX ÎLES PAUMOTOU, PAR M. ADAM KULCZYCKI. — DISCUSSION DE CES OBSERVATIONS.

Pendant un voyage entrepris par l'ordre de M. le gouverneur des établissements français dans l'Océanie, à travers l'archipel des îles Paumotou , M. Adam Kulczycki, conducteur des travaux, attaché au service de la topographie, a fait des observations du plus grand intérêt, ayant pour but la détermination de la longitude et de la latitude des points qu'il a pu visiter.

Le bâtiment qui le portait était la goëlette la *Papeete*. Parti de Taïti, le 5 mai, M. Kulczycki touchait aux îles Ana, Faarava, Taroa, Manihi, Auura, Raïroa, les 14, 15, 21, 25, 27 et 29 du même mois, et, le 7 juin, la goëlette revenait à son point de départ. Muni de théodolites de Gambey, cet habile observateur en a tiré un parti excellent pour déterminer, autant qu'il l'a pu, la longitude et la latitude de ces diverses localités, en observant les distances zénithales du soleil et des étoiles. M. Kulczycki avait en outre à sa disposition six chronomètres, mais trois seulement de ces instruments ont concouru à la détermination des longitudes : ce sont les n°s 5631, 1013 et 256. Les autres ont accusé des variations tellement brusques et irrégulières qu'ils n'ont été employés que pour les comparaisons. Nous ajouterons que les observations faites par M. Kulczycki ne laissent rien à désirer au point de vu de

l'observateur, qui a su s'entourer de toutes les précautions né-
cessaires pour en assurer, autant que possible, l'exactitude.

En transmettant ses observations au Dépôt de la marine,
M. Kulczycki les a accompagnées du calcul provisoire qu'il en
a fait pour la détermination des longitudes et des latitudes: c'est
la partie de son travail que nous donnons ici textuellement.

« *Calcul provisoire des observations faites pendant le voyage de la
goëlette la* Papeete, *commandée par M. Boulangé, enseigne de
vaisseau, aux îles* Paumotou.

« Les observations ci-annexées n'ont pas encore été calculées
définitivement, mais, pour donner au moins un aperçu des résultats qu'on pourra en obtenir, on joint ici le calcul provisoire
fait pendant le voyage même. Dans ce calcul, les états et les
marches des montres ne sont basés que sur une partie des an-
gles horaires observés; et, de plus, les calculs ont été faits avec
des latitudes qui doivent elles-mêmes subir encore quelques
corrections. Les latitudes, qui ne sont pas également calculées
par toutes les séries observées, ont besoin d'être reprises avec
plus de soin.

« On ne donnera pas ici les détails du calcul, mais seulement
son résultat, les détails devant accompagner le calcul définitif
qu'on va compléter incessamment.

Latitudes.

Ana (île de la Chaîne), partie Nord auprès de la petite passe
des embarcations :

Lat. 17° 20′ 20″, 0 (par Régulus, η du Navire).

Faarava (Wittgenstein), côté Est de la passe Sud :

Lat. 16° 30′ 55″, 5 (par η du Navire et α de la Croix-du-Sud).

Taroa (Tiokea du capitaine Duperrey), passe qui se trouve
à 1 mille au N. de la pointe S. O. :

Lat. 14° 28′ 25″, 0 (par 12 des Chiens de chasse et α de la Croix).

Manihi (Wilson), pointe Sud, côté Est de la passe :

Lat. 14° 27′ 46″, 0 (D. Z. circumméridiennes du Soleil).

Auura (une des Palisers), pointe N. O.

Lat. 15° 38′ 47″, 5 (D. Z. circumméridiennes du Soleil).

— 5 —

Raïroa (Vliegen), îlot Motufara, dans la passe qui est située
à 8 milles dans l'E. de la pointe N. O. de l'île :

Lat. 14° 56′ 48″, 0 (hauteur du soleil à l'horizon de mercure).

Longitudes.

« Après avoir calculé les états et les marches, à Papeete,
Taroa, Raïroa et à Papeete au retour, ainsi que les états sur le
temps moyen du lieu à Faarava, Manihi et Auura, on a employé, pour le calcul de l'état pour un jour intermédiaire entre
deux points où on a observé la marche, les formules suivantes :

« Soit E_o^a l'état au point de départ ; M_o, la marche au départ ;
M_i, la marche au point d'arrivée ; i, l'intervalle écoulé entre les
instants où ces marches ont été observées ; E_t^a, l'état sur le
temps du point de départ à l'instant t, on aura d'abord pour
la marche M_t dans cet instant,
$$M_t = M_o + \frac{M_i - M_o}{i} t$$

« La marche est calculée dans la supposition qu'elle varie
proportionnellement au temps. — Cette marche peut être con-
sidérée comme la différentielle de l'état, ce qui donne :

$$\frac{d E_t^a}{d t} = M_o + \frac{M_i - M_o}{i} i.$$

Et on obtient par l'intégration :

$$E_t^a = E_o^a + M_o t + \frac{M_i - M_o}{2 i} t^2 \ldots .^{1}$$

Pour appliquer ces formules, voici d'abord les états et les
marches observés :

---

[1] Les formules citées ci-dessus, et dont l'application peut être étendue à plus
de deux marches, et même à la solution du problème résolu par M. Daussy
dans la Connaissance des temps, seront prochainement exposées plus au long
après le calcul définitif des observations faites aux Paumotou.

LIEU D'OBSERVATION.	DATES.	HEURE de l'observation en temps moyen du lieu.	N° 5631. HEURES au n° 5631.	ÉTAT sur le temps moyen du lieu.	N° 1013. HEURES au n° 1013.	ÉTAT sur le temps moyen du lieu.	N° 256. HEURES au n° 256.	ÉTAT sur le temps moyen du lieu.
		h. m. s.	h. m. s.	m. s.	h. m. s.	h. m. s.	h. m. s.	m. s.
PAPEETE	3 mai S.	3 48 22, 12	3 44 56, 60	— 3 45, 52	1 42 17, 40	—2 6 4, 72	3 39 46, 10	— 8 56,09
Idem	5 mai S.	3 35 5 44	3 30 50 30	— 4 53 14	1 28 59 80	—2 6 3 64	3 23 53 20	— 9 10 24
Marche à Papeete				—25 80		+ 0 54		—17 11
ANA	14 mai S.	4 2 52 50	3 38 42 55	—24 9 95	1 40 22 16	—2 22 50 34	3 55 5 72	—27 48 78
FAARAVA (Sud)	15 mai S.	3 37 47 80	3 12 54 30	—25 13 50	1 14 46 70	—2 23 1 10	3 9 17 90	—28 29 90
FAARAVA (Nord)	18 mai M.	5 19 28 27	4 53 53 13	—25 35 14	2 56 50 43	—2 22 37 84	4 51 5 93	—28 23 34
TAROA	21 mai M.	8 12 25 55	7 43 6 93	—29 18 40	5 46 57 03	—2 25 28 50	7 41 0 15	—31 25 20
Idem	25 mai M.	8 1 35 63	7 31 23 30	—50 10 53	5 35 47 80	—2 25 45 83	7 29 45 50	—31 48 15
Marche à Taroa				—26 06		— 8 80		—11 51
MANIHI	25 mai S.	3 6 44 85	2 39 49 51	—26 55 34	0 44 50 76	—2 21 54 09	2 38 45 14	—27 59 74
AUURA	27 mai M.	8 39 48 46	8 15 11 47	—24 36 99	6 20 46 75	—2 19 01 71	8 14 38 15	—25 10 31
RAÏROA	29 mai M.	8 47 1 32	8 24 59 52	—22 1 80	6 31 7 50	—2 15 53 82	8 24 57 77	—22 3 55
Idem	2 juin M.	8 17 14 17	7 55 24 98	—23 49 19	6 0 40 26	—2 16 33 91	7 54 27 36	—22 46 81
Marche à Raïroa				—26 98		—10 08		—10 87
PAPEETE	7 juin S.	4 29 20 59	4 10 34 20	—18 46 19	2 19 21 49	—2 09 58 90	4 13 0 29	—16 20 10
Marche à Papeete *				—25 65		—10 08		—10 59

* Cette dernière marche a été conclue de la comparaison avec les observations du 11 juin que, par oubli, on n'a pas mises dans le tableau.

« On trouve ensuite; 1° entre Papeete et Taroa :

Différence de longitude entre Ana et Papeete.

$$\begin{cases} \text{par le n° 5631} & - 15^m\ 57^s,22 \\ \qquad\quad - \quad 1013 & - 16\quad 10\ 14 \\ \qquad\quad - \quad\ 256 & - 16\quad 17\ 26 \\ \text{Moyenne.....} & - 16\qquad 8\ 21 \end{cases}$$

En arc............................ 4° 2' 5'',1

Long. de Papeete................. 151 53 43 0

Long. d'Ana...................... 147° 51' 41'',9 à l'occ. de Paris.

Différence de longitude entre Faarava et Papeete.

$$
\begin{array}{lll}
\text{par le n}^o\ 5631 & - & 16^m\ 36^s,21 \\
- \quad 1013 & - & 16\ \ 36\ \ 50 \\
- \quad \ 256 & - & 16\ \ 44\ \ 53 \\
\hline
\text{Moyenne}\ldots\ldots & - & 16\ \ 39\ \ 08
\end{array}
$$

En arc.................................. 4° 9′ 46″, 2
Long. de Papeete........................ 151 53 45 0

Long. de Faarava (Sud)................. 147° 43′ 58″, 8

Différence de longitude entre Faarava (partie Nord) et Papeete............

$$
\begin{array}{lll}
\text{par le n}^o\ 5631 & - & 15^m\ 52^s,95 \\
- \quad 1013 & - & 15\ \ 59\ \ 32 \\
- \quad \ 256 & - & 16\ \ \ 2\ \ 17 \\
\hline
\text{Moyenne}\ldots\ldots & - & 15\ \ 58\ \ 14
\end{array}
$$

En arc.................................. 5° 59′ 32″, 1
Long. de Papeete........................ 151 53 45 0

Long. de Faarava (Nord)............... 147° 54′ 12″, 9

Différence de longitude entre Taroa et Papeete.

$$
\begin{array}{lll}
\text{par le n}^o\ 5631 & - & 18^m\ 16^s,27 \\
- \quad 1013 & - & 18\ \ 29\ \ 17 \\
- \quad \ 256 & - & 18\ \ 24\ \ 83 \\
\hline
\text{Moyenne}\ldots\ldots & - & 18\ \ 23\ \ 42
\end{array}
$$

En arc.................................. 4° 33′ 51″, 5
Long. de Papeete........................ 151 53 45 0

Long. de Taroa......................... 147° 17′ 53″, 7

« 2° Entre Taroa et Raïroa :

Différence de longitude entre Taroa et Manihi.

$$
\begin{array}{lll}
\text{par le n}^o\ 5631 & + & 4^m\ 15^s,29 \\
- \quad 1013 & & 4\ \ 12\ \ 52 \\
- \quad \ 256 & & 4\ \ 14\ \ 59 \\
\hline
\text{Moyenne}\ldots\ldots & + & 4\ \ 14\ \ 13
\end{array}
$$

En arc.............................. + 1° 3′ 32″, 0
Long. de Taroa...................... 147 17 53 7

Longitude de Manihi................. 148° 21′ 25″, 7

$$\text{Différence de longitude entre Taroa et Auura.} \begin{cases} \text{par le n}^o \ 5631 & + \ 7^m \ 19^s, 66 \\ - \ \ \ \ \ 1013 & \ \ \ \ \ 7 \ \ \ 21 \ \ \ 31 \\ - \ \ \ \ \ 256 & \ \ \ \ \ 7 \ \ \ 23 \ \ \ 38 \\ \hline \text{Moyenne} \ldots & + \ 7 \ \ \ 21 \ \ \ 45 \end{cases}$$

En arc......................... $+$ 1° 50′ 21″, 8
Long. de Taroa...................   147 17 53   7

Long. de Auura.................   149° 8′ 15″, 5

$$\text{Différence de longitude entre Taroa et Raïroa.} \begin{cases} \text{par le n}^o \ 5631 & + \ 10^m \ 48^s, 51 \\ - \ \ \ \ \ 1013 & \ \ \ \ 10 \ \ \ 48 \ \ \ 94 \\ - \ \ \ \ \ 256 & \ \ \ \ 10 \ \ \ 52 \ \ \ 06 \\ \hline \text{Moyenne} \ldots & + \ 10 \ \ \ 49 \ \ \ 84 \end{cases}$$

En arc......................... $+$ 2° 42′ 27″, 6
Long. de Taroa...................   147 17 53   7

Long. de Raïroa.................   150° 0′ 21″, 3

3° Entre Raïroa et Papeete :

$$\text{Différence de longitude entre Raïroa et Papeete.} \begin{cases} \text{par le n}^o \ 5631 & + \ 7^m \ 23^s, 74 \\ - \ \ \ \ \ 1013 & \ \ \ \ \ 7 \ \ \ 28 \ \ \ 88 \\ - \ \ \ \ \ 256 & \ \ \ \ \ 7 \ \ \ 23 \ \ \ 56 \\ \hline \text{Moyenne} \ldots & + \ 7 \ \ \ 25 \ \ \ 39 \end{cases}$$

En arc......................... $+$ 1° 51′ 20″, 8
Long. de Raïroa...................   150   0   21   3

Long. de Papeete...................   151° 51′ 42″, 1
Long. admise au départ.............   151   53   45   0

Erreur totale du voyage....   2′ 2″, 9

« Cette erreur est bien plus petite qu'on ne s'y attendait, vu les discordances partielles des résultats. En la distribuant sur les longitudes proportionnellement au temps écoulé à partir du départ, on obtiendra pour corrections des longitudes les valeurs suivantes :

Pour Ana	+ 30″,7
— Faarava S.	+ 34 6
— Faarava N.	+ 42 2
— Taroa	+ 1′ 1 4
— Manihi	+ 1 13 0
— Auura	+ 1 20 6
— Raïroa	+ 1 36 0

En appliquant ces corrections aux longitudes obtenues plus haut et réunissant en même temps les latitudes, on obtiendra le tableau suivant des positions déterminées dans le voyage aux Paumotou.

NOMS DES LIEUX.	LATITUDE SUD.	LONGITUDE OUEST.
ANA (Chaîne)	17ᵈ 20′ 20″,0	147° 52′ 12″,6
FAARAVA (Wittgenstein)	16 30 55 5	147 44 33 4
FAARAVA Nord	(La latitude n'a pas été observée).	147 54 55 1
TAROA (Tiokea)	14 28 25 0	147 18 55 1
MANIHI (Wilson)	14 27 46 0	148 22 38 7
AUURA (Paliser)	15 38 47 5	149 9 36 1
RAÏROA (Vliegen)	14 56 48 0	150 1 57 3

« Il y aurait peut-être plus de probabilité à reporter toute l'erreur sur le commencement de la traversée. On s'arrêtera encore sur ce sujet dans les calculs définitifs, ne voulant pas discuter un résultat provisoire, qui est peut-être entaché de quelques erreurs. On pense seulement que ce résultat provisoire prouve qu'il est à espérer qu'on obtiendra définitivement, pour les points visités dans ce voyage, des longitudes qui ne seront pas en erreur de plus de 2 minutes de degré.

« Quant aux latitudes, elles seront exactes à quelques secondes près.

Note sur les chronomètres embarqués sur la goëlette la Papeete, *pendant son voyage aux îles Paumotou.*

N° 5631. Chronomètre anglais de Moncas, Liverpool, marchant deux jours, mais monté toutes les vingt-quatre heures. — Réparé peu de temps avant le départ, mis en marche seulement le 17 avril. On suppose qu'il n'a pas encore pris une marche bien régulière au moment du départ. Il a changé de marche pendant le voyage, mais il a bien marché depuis le retour.

N° 1013. Chronomètre anglais de Frodsham, London, marchant huit jours, mais monté tous les jours. Il a toujours très-bien marché à bord de la goëlette la *Sultane*, d'où il provient; il a cependant changé considérablement de marche pendant le voyage.

N° 256. Montre marine de Motel, se montant par-dessous, appartenant au service de la topographie. Elle a toujours été bonne, mais elle s'est spontanément arrêtée le 8 avril. Mise en mouvement le 12, après avoir été examinée par un horloger, elle a pris une marche complétement différente de celle qu'elle avait avant de s'être arrêtée. Elle a varié considérablement, mais progressivement pendant le voyage. Depuis le retour, elle conserve bien la marche qu'elle accusait à l'arrivée.

N° 677. Montre anglaise d'Arnold et Dent, appartient à M. Rouffio, négociant à Papeete, qui a bien voulu la prêter pour ce voyage. Elle marchait assez bien à terre, mais ses variations irrégulières pendant le voyage font qu'il faut la mettre complétement de côté.

N° 231. Chronomètre de poche de Motel. Marche assez régulière. Il a toujours servi à transporter le temps des montres fixes à terre, pendant les observations. Les mouvements brusques du transport font qu'on ne peut pas se fier aux résultats qu'il donnerait pour les longitudes.

N° 226. Compteur de Motel. Il a toujours servi aux comparaisons et aux observations, conjointement avec le n° 231. Ses variations, assez irrégulières quelquefois, font qu'on ne peut pas se fier à ses indications, surtout pendant un intervalle assez considérable. C'est pourquoi chaque observation doit d'abord être reportée au n° 231, et, par son intermédiaire, aux montres marines qui restaient toujours à bord.

« Toutes les montres embarquées à bord de la *Papeete* ont changé de marche pendant le voyage. Ce changement, qui fut le plus prononcé pendant les premiers jours entre Taïti et Ana, s'est ralenti ensuite, et elles ont conservé en débarquant la dernière marche de la traversée.

« La cause de ces changements doit provenir, en partie, des mouvements très-brusques de la goëlette dans la grosse mer, mais surtout des variations très-considérables de température dans l'armoire où les montres étaient déposées. Le thermomètre y variait entre 18 et 37 degrés centigrades.

« Le tableau ci-après fait voir que ces changements de marche ont été progressifs (pour les n°s 5631 , 1013 et 256 au moins). On pourra donc compter sur des résultats assez probables, en appliquant au calcul des états des formules basées sur la supposition des variations proportionnelles au temps dans les marches.

« Papeete, 20 juin 1849.

« Adam Kulczycki,

« *Conducteur des travaux, attaché au service de la topographie.* »

COMPARAISONS

Comparaisons journalières des montres.

DATES.	HEURES de la comparaison au n° 256.	5631—256.	DIFFÉRENCES secondes.	5631—1013.	DIFFÉRENCES secondes.	256—1013.	DIFFÉRENCES secondes.	256—677.	DIFFÉRENCES secondes.
	h. m. s.	m. s.	s.	h. m. s.	s.	h. m. s.	s.	h. m. s.	s.
3 mai	7 46 0,0	+ 4 52,8	6,6			1 57 16,6	18,0	1 50 51,4	8,2
4	7 42 30 0	4 46 2	6 6	2 2 2,8	24,6	1 56 58 6	18 1	1 50 59 6	9 2
5	7 44 40 0	4 39 6	6 6	2 1 38 2	21 7	1 56 40 5	18 2	1 51 8 8	8 4
6	7 59 40 5	4 33 0	5 8	2 1 13 5	24 0	1 56 22 5	16 6	1 51 17 2	9 8
7	8 4 22 5	4 27 2	6 9	2 0 49 5	23 5	1 56 5 7	16 2	1 51 27 0	6 0
8	8 11 5 7	4 20 3	6 3	2 0 26 0	22 5	1 55 49 5	14 7	1 51 35 0	5 8
9	8 6 40 5	4 14 0	7 1	2 0 3 5	21 8	1 55 34 8	15 0	1 51 38 8	8 7
10	7 58 34 8	4 6 9	8 7	1 59 41 7	23 7	1 55 19 8	13 2	1 51 47 5	2 5
11	8 7 0 0	3 58 2	9 2	1 59 18 0	22 4	1 55 6 6	12 4	1 51 50 0	22 2
12	8 5 30 0	3 49 0	9 4	1 58 55 6	21 8	1 54 54 2	9 6	1 52 12 2	18 6
13	8 19 0 0	3 39 6	10 2	1 58 33 8	19 8	1 54 44 6	8 6	1 52 50 8	21 4
14	8 18 0 0	3 29 4	10 2	1 58 14 0	18 8	1 54 36 0	6 8	1 52 52 2	24 0
15	7 50 0 0	3 19 2	10 4	1 57 55 2	19 2	1 54 27 2	6 8	1 53 18 8	21 4
16	8 28 30 0	3 8 8	11 4	1 57 36 0	18 2	1 54 20 4	5 8	1 53 38 2	20 8
17	8 0 30 0	2 57 4	11 8	1 57 17 8	17 6	1 54 14 6	4 2	1 53 59 0	20 4
18	8 4 0 0	2 45 6	13 0	1 57 0 2	17 2	1 54 10 4	4 2	1 54 28 4	26 0
19	8 58 0 0	2 32 6	12 8	1 56 43 0	17 0	1 54 6 2	3 2	1 54 54 4	24 0
20	8 27 0 0	2 19 8	13 2	1 56 26 0	16 4	1 54 3 0	2 6	1 55 18 4	26 0
21	8 10 30 0	2 6 6	14 6	1 56 0 6	17 2	1 54 0 4	2 8	1 55 44 4	31 2
22	8 9 30 0	1 52 0	14 4	1 55 52 4	17 2	1 53 57 6	1 2	1 56 15 6	28 6
23	7 52 0 0	1 37 6	15 4	1 55 35 2	17 6	1 53 55 4	0 9	1 56 44 2	28 0
24	8 5 0 0	1 22 2	16 4	1 55 17 6	17 3	1 53 54 5	1 9	1 57 19 2	21 2
25	8 3 0 0	1 5 8	16 2	1 55 0 5	18 1	1 53 52 6	1 0	1 57 38 4	42 4
26	8 13 30 0	0 49 6	15 8	1 54 42 2	18 4	1 53 51 6	0 8	1 58 13 8	33 8
27	7 28 30 0	0 33 8	16 0	1 54 23 4	16 8	1 53 50 8	0 4	1 58 49 6	57 2
28	8 4 0 0	0 17 8	15 4	1 54 8 6	16 8	1 53 50 4	1 0	1 59 26 8	38 2
29	7 32 0 0	+ 0 2 4	16 8	1 53 52 8	15 8	1 53 49 4	0 4	2 0 5 0	42 8
30	9 0 0	— 0 14 4	17 4	1 53 35 0	17 8	1 53 49 0	0 8	2 0 47 8	43 6
31	8 9 0 0	0 31 8	15 6	1 53 18 2	16 8	1 53 48 2	1 0	2 1 31 4	45 4
1er juin	8 39 30 0	0 47 4	15 4	1 53 0 8	17 4	1 53 47 2	1 2	2 2 10 8	42 4
2	8 25 30 0	1 2 8	15 7	1 52 44 4	16 4	1 53 46 0	2 2	2 2 59 2	41 4
3	8 10 0 0	1 18 5	15 5	1 52 27 8	17 7	1 53 45 8	1 6	2 3 40 8	43 4
4	8 6 0 0	1 34 0	15 8	1 52 9 8	17 4	1 53 42 2	1 4	2 4 24 0	42 8
5	8 15 0 0	1 49 8	15 8	1 51 52 4	17 2	1 53 40 8	1 8	2 5 6 8	43 4
6	8 41 30 0	2 05 6	15 0	1 51 35 2	16 8	1 53 39 0	1 6	2 5 50 2	40 0
7	7 51 0 0	2 20 6	15 8	1 51 18 4	17 4	1 53 37 4		2 6 30 2	40 2
8	8 51 0 0	2 36 4	15 2	1 51 1 0		»		2 7 13 4	40 4
9	8 40 0 0	2 51 6	15 2	—		»		2 7 53 8	40 0
10	8 26 30 0	3 6 8	15 6	—		»		2 8 33 8	38 0
11	8 11 0 0	— 3 22 4		—		»		2 9 11 8	

254—1013.	DIFFÉRENCES secondes.	OBSERVATIONS.
h. m. s.	s.	
2 19 43,0		
2 20 5 2	22,2	
2 20 29 1	25 9	Départ.
2 20 46 5	17 6	
»	»	
»	»	
»	»	
»	»	
»	»	Nuit très-agitée en mer, les chronomètres n'en ont été que très-peu influencés (à l'exception du n° 677).
»	»	Devant Ana. — Le n° 251, qu'on n'a pas comparé journellement ne comptant pas l'employer pour la détermination des longitudes, a fait une chute en rentrant à bord de l'île Ana (par maladresse d'un matelot). On l'a comparé soigneusement depuis ce jour pour voir si son mécanisme ne s'est pas dérangé par cette chute.
2 24 1 5	»	A Faarava.
2 24 37 0	35 5	
2 25 11 2	34 2	Idem.
2 25 41 6	30 4	Idem.
2 26 14 4	32 8	
2 26 48 0	33 6	Nuit très-orageuse en mer. Les montres ne s'en sont pas ressenties.
2 27 20 0	32 0	
2 27 53 8	33 8	Au mouillage à Taroa.
2 28 24 8	31 0	
2 29 3 8	39 0	
2 29 37 7	33 9	Devant Maribi.
2 30 10 8	33 1	
2 30 46 2	35 4	Devant Avura.
2 31 25 0	38 8	
2 32 0 8	35 8	
2 32 35 2	34 4	
2 33 10 8	35 6	A Ravroa au mouillage.
2 33 48 6	37 8	
2 34 23 6	5 0	
2 35 1 2	37 6	Départ.
2 35 37 4	56 2	Très-mauvais temps, roulis et tangage très-violents.
2 36 13 0	36 2	A Papeete.
2 36 50 8	37 2	
2 37 28 4	37 6	
2 38 7 8	39 4	

Discussion des résultats obtenus par M. Kulczycki.

Il m'a semblé utile et curieux de soumettre de nouveau au calcul les résultats de M. Kulczycki, et de rechercher les longitudes de ces îles par la méthode de calcul que M. Coupvent et moi nous avons exposée dans le premier volume, hydrographie, du voyage au pôle Sud et dans l'Océanie, et à laquelle j'ai fait subir quelques modifications afin d'y faire concourir une donnée nouvelle, celle de la comparaison entre eux des différents chronomètres.

En refaisant ces calculs, j'ai eu pour but de les faire servir comme exemple de l'exactitude que l'on peut espérer dans la détermination des longitudes par les chronomètres au moyen de la méthode que M. Coupvent et moi nous avons développée, modifiée ainsi que je le disais, plutôt que d'obtenir des résultats plus approchés que ceux de M. Kulczycki; aussi j'ai admis comme vraies les marches et les heures des chronomètres, indiquées dans le tableau de ce voyageur, bien qu'il ne les donne que comme provisoires. Si, plus tard, par suite du travail définitif de M. Kulczycki, ces données se trouvaient modifiées, il faudrait forcément recommencer les calculs de la détermination des longitudes; en outre, j'ai supposé que la marche observée pour chaque chronomètre, aux points de relâche seulement, était la marche réelle du chronomètre, non point pour chacun des jours de la relâche, mais seulement pour la journée moyenne entre celles d'arrivée et de départ.

Ainsi soient v_0, v_1, v_2, v_3 les marches observées du chronomètre, à Taïti (départ), Taroa, Raïroa et Taïti (arrivée), ces marches seront celles correspondantes aux journées des 5, 22, 31 mai et 7 juin. Or, je puis toujours représenter le mouvement d'un chronomètre par une courbe dont la marche serait l'ordonnée d'un point, tandis que l'abscisse serait donnée par le nombre des jours écoulés depuis l'origine, c'est-à-dire depuis le départ. Ainsi, aux ordonnées v_0, v_1, v_2, v_3, correspondront les abscisses $x_0 = 0$, $x_1 = 17$, $x_2 = 26$, $x_3 = 33$.

Le calcul des interpolations fournit une formule générale pour représenter, autant que faire se peut, une courbe dont la forme et la nature restent inconnues, mais qui, d'après les conditions du problème, doit passer par un certain nombre de points déterminés. Or, si nous cherchons à représenter par une courbe la marche d'un chronomètre, l'équation

de cette courbe devant être satisfaite par les valeurs de
$x : x_0, x_1, x_2, x_3$, et celles correspondantes de $y : v_0, v_1, v_2, v_3$,
sera de la forme :

$$
\begin{aligned}
y = {} & v_0 \, \frac{(x - x_1)\,(x - x_2)\,(x - x_3)}{(x_0 - x_1)\,(x_0 - x_2)\,(x_0 - x_3)} \\[2mm]
+ {} & v_1 \, \frac{(x - x_0)\,(x - x_2)\,(x - x_3)}{(x_0 - x_1)\,(x_0 - x_2)\,(x_0 - x_3)} \\[2mm]
+ {} & v_2 \, \frac{(x - x_0)\,(x - x_1)\,(x - x_3)}{(x_2 - x_0)\,(x_2 - x_1)\,(x_2 - x_3)} \\[2mm]
+ {} & v_3 \, \frac{(x - x_0)\,(x - x_1)\,(x - x_2)}{(x_3 - x_0)\,(x_3 - x_1)\,(x_3 - x_2)}
\end{aligned}
$$

Pour chaque valeur donnée à x, on en déduira la valeur correspondante de y, c'est-à-dire la marche du chronomètre pour le jour correspondant.

Dans le cas qui nous occupe, si nous remplaçons x_0, x_1, x_2, x_3, par leurs valeurs 0, 17, 26, 33, et si nous ordonnons par rapport à x, cette équation deviendra :

$$
\begin{aligned}
y = {} & x^3 \left\{ \frac{- v_0}{14586} + \frac{v_1}{2448} - \frac{v_2}{1638} + \frac{v_3}{3696} \right\} \\[2mm]
- {} & x^2 \left\{ \frac{- v_0 \cdot 76}{14586} + \frac{v_1 \cdot 59}{2448} - \frac{v_2 \cdot 50}{1638} + \frac{v_3 \cdot 43}{3696} \right\} \\[2mm]
+ {} & x \left\{ \frac{- v_0 \cdot 1861}{14586} + \frac{v_1 \cdot 858}{2448} - \frac{v_2 \cdot 561}{1638} + \frac{v_3 \cdot 442}{3696} \right\} \\[2mm]
- {} & \left\{ \frac{- v_0 \cdot 14586}{14586} \right\}
\end{aligned}
$$

Enfin, si dans cette dernière équation nous remplaçons v_0, v_1, v_2, v_3 par leurs valeurs, c'est-à-dire par les marches observées des chronomètres, nous obtiendrons une équation pour chaque chronomètre, au moyen de laquelle nous pourrons ensuite calculer la marche, pour chaque jour de la traversée totale de la goëlette la *Papeete* ; nous aurons les équations suivantes :

Chronomètre n° 5631 :

$$y = -23'',80 + x.0'',07472266 - x^2\, 0'',02100529 + x^3\, 0'',00051643 ;$$

Chronomètre n° 1013 :

$$y = 0'',54 - x.0'',90565242 + x^2\, 0'',02443718 - x^3\, 0'',00020440 ;$$

Chronomètre n° 256 :

$$y = -17'',11 + x.0'',63335936 - x^2\, 0'',02302620 + x^3\, 0'',00030316.$$

Bien que, pour calculer les longitudes des points visités par la *Papeete*, on n'ait besoin que de la somme des marches depuis le départ jusqu'au moment de l'observation ayant pour but la détermination du point de relâche, et que le calcul de ces sommes puisse se faire très-simplement, au moyen des équations précédentes, ainsi que nous l'avons fait voir ailleurs ; j'ai calculé la marche de chacun des trois chronomètres pour chaque jour de traversée ; le résultat en est reproduit dans le premier des tableaux suivants.

J'ai réuni, dans le second de ces tableaux, les résultats que l'on obtient en calculant la longitude de chacun des points de relâche au moyen des sommes de ces marches calculées pour chaque chronomètre et pour chaque jour où, d'après les tableaux de M. Kulczycki, nous avons des observations, en les ramenant aux heures de ces observations, c'est-à-dire en les corrigeant d'après la marche calculée pour le jour de la relâche proportionnellement aux différences de l'heure des observations, le 5 mai, à Taïti, et le jour où l'on observe dans chaque relâche.

Marches calculées.

DATES.	VALEURS DE x.	N° 5631.		N° 1013.		N° 256.	
		MARCHES.	SOMMES.	MARCHES.	SOMMES.	MARCHES.	SOMMES.
5 mai	$x = 0$	—23"8000		+ 0"3400		—17"1100	
6............	1	—23 7458		— 0 3414		—16 4993	
7............	2	—23 7305		— 1 1752		—15 9328	
8............	3	—23 7509		— 1 9628		—15 4091	
9............	4	—23 8041		— 2 7047		—14 9256	
10............	5	—23 8870		— 3 4029		—14 4810	
11............	6	—23 9963		— 4 0583		—14 0733	
12............	7	—24 1341		— 4 5723		—13 7157	
13............	8	—24 2708		— 5 2359		—13 3616	
14............	9	—24 4524	215"7719	— 5 7805	29"0340	—13 0539	131"4523
15............	10	—24 6370	240 4089	— 6 2772	35 3112	—12 7759	144 2282
16............	11	—24 8325		— 6 7333		—12 5257	
17............	12	—25 0357		— 7 0621		—12 3016	
18............	13	—25 2439	315 5208	— 7 5503	56 6569	—12 1017	181 1572
19............	14	—25 4958		— 7 9103		—11 9242	
20............	15	—25 6624		— 8 2563		—11 7853	
21............	16	—25 8665	392 5455	— 8 5217	81 3252	—11 6443	216 5110
22............	17	—26 0630		— 8 7980		—11 5030	
23............	18	—26 2489	444 8574	— 9 0372	99 4604	—11 4006	239 4146
24............	19	—26 4300		— 9 2476		—11 3092	
25............	20	—26 5762	497 8636	— 9 4154	117 8214	—11 2280	261 9518
26............	21	—26 7015		— 9 5949		—11 1564	
27............	22	—26 8237	551 5888	— 9 7332	137 1495	—11 0905	284 1987
28............	23	—26 9098		— 9 8497		—11 0350	
29............	24	—26 9666	605 2652	— 9 9555	156 9547	—10 9816	306 2153
30............	25	—26 9935		—10 0218		—10 9305	
31............	26	—26 9800		—10 0800		—10 8700	
1er juin.....	27	—26 9305		—10 0941		—10 8283	
2............	28	—26 8395	713 0087	—10 1465	197 2971	—10 7755	349 6176
3............	29	—26 7033		—10 1575		—10 7138	
4............	30	—26 5195		—10 1574		—10 6475	
5............	31	—26 2847		—10 1404		—10 5707	
6............	32	—25 9991		—10 1150		—10 4874	
7............	33	—25 6500	844 1655	—10 0800	247 9474	—10 3900	402 4270

Différences de longitudes d'après les marches calculées.

NOMS DES POINTS DE STATION.	CHRONOMÈTRE N° 5631.	CHRONOMÈTRE N° 1013.	CHRONOMÈTRE N° 256.
ANA. Observation du 14 mai S.	H. du chr. 3ʰ 38ᵐ 42ˢ, 55	1ʰ 40ᵐ 22ˢ, 16	3ʰ 35ᵐ 3ˢ, 72
	Etat le 5 mai 4 33 14	2 6 3 64	9 10 24
	S. des march. 3 35 77	29 03	2 11 45
	H. au dép. 3 46 51 46	3 46 54 83	3 46 25 41
	H. du lieu 4 2 52 50	4 2 52 50	4 2 52 50
	Diff. de long. 16 01, 04	Diff. de long. 15 57, 67	Diff. de long. 16 27, 09
FAARAVA (Sud). Observation du 15 mai S.	3 12 34 30	1 14 46 70	3 9 17 90
	4 33 14	2 6 3 64	9 10 24
	4 0 63	35 47	2 24 34
	3 21 08 07	3 21 25 84	3 20 52 48
	3 37 47 80	3 37 47 80	3 37 47 80
	Diff. de long. 16 39, 73	Diff. de long. 16 21, 99	Diff. de long. 16 55, 32
FAARAVA (Nord). Observation du 18 mai M.	4 55 53 13	2 56 50 43	4 51 5 93
	4 33 14	2 6 3 64	9 10 24
	5 17 06	57 12	3 1 90
	5 3 43 33	5 3 51 19	5 03 18 07
	5 19 28 27	5 19 28 27	5 19 28 27
	Diff. de long. 15 44, 94	Diff. de long. 15 37, 08	Diff. de long. 16 10, 90
TAROA. Observation du 21 mai M.	7 43 6 93	5 46 57 03	7 41 0 15
	4 33 14	2 6 3 64	9 10 24
	6 24 26	1 48 59	3 32 79
	7 54 04 33	7 54 19 26	7 53 45 16
	8 12 25 33	8 12 25 33	8 12 25 53
	Diff. de long. 18 21, 00	Diff. de long. 18 6, 07	Diff. de long. 18 42, 17
TAROA. Observation du 23 mai M.	7 31 25 50	5 35 47 50	7 29 45 50
	4 33 14	2 6 3 64	9 10 24
	7 16 12	1 36 15	3 55 61
	7 43 12 56	7 45 27 59	7 42 51 45
	8 1 33 63	8 1 33 63	8 1 33 65
	Diff. de long. 18 21, 07	Diff. de long. 18 6, 04	Diff. de long. 18 42, 18

Différences de longitudes d'après les marches calculées. (Suite.)

NOMS DES POINTS DE STATION.	CHRONOMÈTRE N° 5631.	CHRONOMÈTRE N° 1013.	CHRONOMÈTRE N° 256.
MANIHI. Observation du 25 mai S.	H. du chr. 2ʰ 39ᵐ 49ˢ, 51 Etat le 5 mai 4 33 14 S. des march. 8 17 09 H. au dép. 2 52 39 74 H. du lieu 3 6 44 85 Diff. de long. 14 5, 11	0ʰ 44ᵐ 50ˢ, 76 2 6 3 64 1 57 54 2 52 51 94 3 6 44 85 Diff. de long. 13 42, 91	2ʰ 38ᵐ 45ˢ, 14 9 10 24 4 21 61 2 52 16 99 3 6 44 85 Diff. de long. 14 27, 86
AUURA. Observation du 27 mai M.	8 45 11 47 4 33 14 9 3 54 8 28 47 95 8 39 48 46 Diff. de long. 11 00, 51	6 20 46 75 2 6 3 64 2 14 23 8 29 4 62 8 39 48 46 Diff. de long. 10 43, 84	8 14 38 15 9 10 24 4 40 87 8 28 29 26 8 39 48 46 Diff. de long. 11 19, 20
RAÏROA. Observation du 29 mai M.	8 24 59 52 4 33 14 9 57 44 8 39 30 10 8 47 1 32 Diff. de long. 7 31, 22	6 31 7 50 2 6 3 64 2 34 07 8 39 45 21 8 47 1 32 Diff. de long. 7 16, 11	8 24 57 77 9 10 24 5 3 04 8 39 11 05 8 47 1 32 Diff. de long. 7 50, 27
RAÏROA. Observation du 2 juin M.	7 53 24 98 4 33 14 11 44 69 8 9 42 81 8 17 14 17 Diff. de long. 7 31, 56	6 0 40 26 2 6 3 64 3 14 15 8 9 58 05 8 17 14 17 Diff. de long. 7 16, 12	7 54 27 36 9 10 24 5 46 27 8 9 23 87 8 17 14 17 Diff. de long. 7 50, 30
TAÏTI (retour). Observation du 7 juin S.	4 10 34 20 4 33 14 14 05 12 4 29 12 46 4 29 20 39 Erreur totale... — 7, 95	2 19 21 49 2 6 3 64 4 8 32 4 29 33 45 4 29 20 39 Erreur totale... +13, 06	4 13 0 29 9 10 24 6 42 80 4 28 53 33 4 29 20 39 Erreur totale... —27, 06

Les derniers chiffres du tableau précédent indiquent évidemment l'erreur totale donnée par chaque chronomètre pendant toute la traversée. Or, nous remarquerons tout d'abord que la moyenne de ces erreurs totales n'est plus que de $7'',31$ ou $1'$ $49'',65$ de degré, au lieu de $2'$ $2'',9$ qu'a trouvées M. Kulczycki.

Il reste maintenant à savoir comment ces erreurs totales doivent être réparties sur les résultats obtenus pendant la traversée. En général, ainsi que l'a fait M. Kulczycki, jusqu'ici on a toujours réparti l'erreur totale proportionnellement au temps écoulé entre le point de départ et chaque relâche ; il m'a semblé que l'on pourrait utiliser une donnée de l'observation, celle des comparaisons des chronomètres entre eux, pour faire une répartition plus probable de ces erreurs.

Si, en effet, nous considérons deux chronomètres, les n°s 5631 et 1013, par exemple, le 5 mai, au moment de l'observation de 3^h 35^m $3^s,44$ (heure du lieu), et ensuite le 14 mai, à l'heure du lieu, 4^h 2^m $52^s,50$, moment des observations ayant pour but de faire connaître la longitude de l'île Ana, premier point de relâche ; nous trouvons que le 5 mai, à 3^h 35^m, le n° 1013 retardait sur le n° 5631 de 2^h 1^m $30^s,50$, et, le 14 mai, au moment de l'observation, ce retard n'était plus que de 1^h 58^m $20^s,41$; la différence entre ces deux chiffres sera la différence réelle de la somme des marches de ces deux chronomètres dans l'intervalle de ces deux observations. Or, si l'on compare cette différence, résultat d'observations directes de la somme des marches avec celles résultant des mêmes sommes de marches déduites du calcul, généralement on trouvera une différence qui ne saurait être rapportée qu'aux erreurs dont sont entachées les marches calculées des chronomètres. L'erreur totale devra donc être répartie de manière à faire disparaître ces différences qu'il est facile de calculer pour chaque relâche, et même pour chaque jour de la traversée.

Cela posé, si nous appelons x, y, z les corrections à appliquer à la somme des marches calculées de chacun de nos trois chronomètres pour la détermination de la longitude de l'île Ana, par exemple ; si, en outre, nous désignons par m la différence entre les sommes des marches calculées et observées des chronomètres 5631 et 1013, et par n la même différence des sommes des marches entre les chronomètres n°s 5631 et 256, nous aurons d'abord les deux équations $x - y = m$, $x - z = n$.

Si, en outre, nous admettons, ce qui est au moins probable,

bien que ce soit une hypothèse, que les résultats donnés par chaque chronomètre seront d'autant plus près de la vérité que l'erreur totale sera plus petite, et, par suite, que les erreurs x, y, z doivent rester proportionnelles aux erreurs totales, nous aurons encore, en appelant a, b, c ces erreurs totales, les relations suivantes :

$bx = ay$, $cx = az$ qui, combinées avec $x - y = m$ et $x - z = n$ devront faire connaître les valeurs de x, y et z.

Or, généralement, il ne sera pas possible de trouver pour x, y, z des valeurs qui satisfassent à la fois à ces quatre équations ; mais, en combinant successivement la première et la seconde avec les deux dernières, on trouvera deux valeurs pour chacune des quantités x, y, z ; si, au lieu de trois chronomètres on en avait quatre, on aurait six équations pour quatre inconnues, et l'on trouverait par le calcul trois séries de valeurs différentes pour ces inconnues ; si le nombre des montres marines était de cinq, on aurait huit équations pour cinq inconnues et quatre séries différentes de valeurs pour les corrections. Il pourra bien arriver quelquefois que certaines valeurs trouvées pour les corrections pourront être rejetées lorsque, par exemple, elles seraient, pour un ou plusieurs chronomètres, plus grandes que l'erreur totale ou affectées de signes différents ; mais, en général, n'ayant rien pour guider le calculateur dans le choix des valeurs trouvées, ce sera la moyenne entre les valeurs de x, y, z, etc., qui sera la correction à appliquer à la somme des marches calculées de chaque chronomètre, pour déterminer la longitude des points d'observation de la traversée.

Ce mode de calcul, appliqué au cas particulier qui nous occupe, m'a conduit aux résultats suivants, remarquables par leur accord :

DIFFÉRENCES

Différences de longitudes définitives.

NOMS DES LIEUX.	CHRONOMÈTRE N° 5631.	CHRONOMÈTRE N° 1013.	CHRONOMÈTRE N° 256.
ANA. Moyenne = 15^m $59^s,00$	Diff. calc. 16^m 01^s, 04 Correct.. — 6 10 Diff. déf.. 15 54, 94	Diff. calc. 15^m 57^s, 67 Correct.. + 5 7 Diff. déf.. 16 3, 37	Diff. calc. 16^m 27^s, 09 Correct.. — 28 40 Diff. déf.. 15 58, 69
FAARAVA (Sud). Moyenne = 16^m $33^s,01$	Diff. calc. 16 39 73 Correct.. — 6 60 Diff. déf.. 16 33, 13	Diff. calc. 16 21 99 Correct.. + 10 8 Diff. déf.. 16 32, 79	Diff. calc. 16 55 52 Correct.. — 22 2 Diff. déf.. 16 33, 12
FAARAVA (Nord). Moyenne = 15^m $41^s,37$	Diff. calc. 15 44 94 Correct.. — 6 9 Diff. déf.. 15 38, 04	Diff. calc. 15 37 08 Correct.. + 7 8 Diff. déf.. 15 44, 88	Diff. calc. 16 10 20 Correct.. — 29 00 Diff. déf.. 15 41, 20
TAROA. Moyenne = 18^m $15^s,01$	Diff. calc. 18 21 00 Correct.. — 7 30 Diff. déf.. 18 13, 7	Diff. calc. 18 6 07 Correct.. + 10 4 Diff. déf.. 18 16, 47	Diff. calc. 18 42 17 Correct.. — 27 3 Diff. déf.. 18 14, 87
TAROA. Moyenne = 18^m $15^s,03$	Diff. calc. 18 21 07 Correct.. — 7 30 Diff. déf.. 18 13, 77	Diff. calc. 18 6 04 Correct.. + 10 4 Diff. déf.. 18 16, 44	Diff. calc. 18 42 18 Correct.. — 27 3 Diff. déf.. 18 14, 88
MANIHI. Moyenne = 13^m $56^s,93$	Diff. calc. 14 5 11 Correct.. — 7 1 Diff. déf.. 13 58, 01	Diff. calc. 13 42 91 Correct.. + 9 9 Diff. déf.. 13 52, 81	Diff. calc. 14 27 86 Correct . — 27 9 Diff. déf.. 13 59, 96
AUURA. Moyenne = 10^m $54^s,03$	Diff. calc. 11 00 51 Correct.. — 7 1 Diff. déf.. 10 53, 41	Diff. calc. 10 43 84 Correct.. + 10 8 Diff. déf.. 10 54, 64	Diff. calc. 11 19 20 Correct.. — 25 1 Diff. déf.. 10 54, 10
RAÏROA. Moyenne = 7^m $25^s,26$	Diff. calc. 7 31 22 Correct.. — 6 9 Diff. déf.. 7 24, 32	Diff. calc. 7 16 11 Correct.. + 10 1 Diff. déf.. 7 26, 21	Diff. calc. 7 50 27 Correct.. — 25 0 Diff. déf.. 7 25, 27
RAÏROA. Moyenne = 7^m $25^s,49$	Diff. calc. 7 31 36 Correct.. — 6 8 Diff. déf.. 7 24, 56	Diff. calc. 7 16 12 Correct.. + 10 1 Diff. déf.. 7 26, 22	Diff. calc. 7 50 30 Correct.. — 24 6 Diff. déf.. 7 25, 70

En admettant, avec M. Kulczycki, la longitude de Papeete
= 151° 53′ 45″, nous déduirons pour longitudes définitives des
îles :

Ana............	147°	54′	0″	00	Différence avec M. Kulczycki.	1′	57″	4
Faarava (Sud)..	147	45	29	85	Idem..............	0	56	4
Faarava (Nord)..	147	58	24	45	Idem..............	3	29	3
Taroa...........	147	19	59	70	Idem..............	1	4	6
Manihi.........	148	24	31	05	Idem..............	1	42	3
Auura..........	149	10	14	55	Idem..............	0	38	4
Raïroa.........	150	2	9	45	Idem..............	0	12	1

Ce résultat rapproché de cette pensée de M. Kulczycki, *que
peut-être l'erreur de 2′ 2″,9 qu'il a trouvée, devrait être reportée
sur le commencement de la traversée*, a cela de remarquable que
précisément, sur Ana, je diffère avec lui de 1′ 57″, bien que
je n'aie appliqué à ces données que le calcul, sans faire aucune
supposition ; il indiquerait, en outre, que les mouvements ont
principalement varié dans leur marche au moment du départ
et de l'arrivée ; c'est en effet ce qui est probable, car le mouvement de ces instruments doit éprouver des perturbations,
surtout lorsque le navire, quittant la rade pour aller à la mer,
passe d'un état de repos à une agitation à peu près con-
stante.

Quant aux différences que l'on remarque sur la détermination des longitudes de Faarava (Nord), Taroa et Manihi,
elles dépendent probablement d'autres causes que celles résultant de la différence des méthodes pour le calcul ; j'ai supposé
que, dans ses résultats, M. Kulczycki n'aurait pas suffi-
samment tenu compte de la différence des heures d'observation au point de départ et aux lieux de relâche. La
marche des chronomètres étant considérable, cette supposition,
si elle était exacte, suffirait pour expliquer de semblables
différences.

Nous avons vu qu'en appelant x, y, z les corrections à appliquer à la somme des marches calculées de chaque chronomètre pour chaque relâche, on avait quatre équations de condition entre ces trois inconnues :

$$x - y = m \qquad x - z = n \qquad bx - ay = 0 \qquad cx - az = 0$$

Pour trouver les valeurs de x, y, z, nous avons successivement combiné chacune des deux premières avec les deux dernières, et nous avons pris la moyenne entre les deux valeurs

trouvées pour chacune des inconnues; pour compléter la méthode de calcul que je conseille aux navigateurs lorsqu'ils voudront déterminer avec précision des longitudes par les chronomètres, j'ajouterai que le moyen le plus avantageux pour déterminer les valeurs de x, y, z serait peut-être celui dont on fait usage en astronomie pour corriger les éléments calculés approximativement en établissant pour chaque observation une équation de condition, et en déterminant les corrections à faire à chacun de ces éléments pour que la somme des carrés des erreurs finales soit la moindre possible. Elle consiste, comme l'on sait, à faire autant de systèmes d'équations qu'il y a d'inconnues, en multipliant chaque équation de condition successivement par le coefficient de chacune des inconnues de cette équation; la somme de toutes les équations multipliées par le coefficient de x forme une première équation finale, la somme de toutes celles multipliées par le coefficient de y une seconde, et ainsi de suite. On parvient ainsi à avoir autant d'équations que d'inconnues, et l'on peut alors déterminer ces dernières par les méthodes ordinaires.

Dans le cas qui nous occupe, par exemple, avec les quatre équations de condition trouvées plus haut, on formerait ainsi les trois équations finales.

$$x - y - m = 0$$
$$x - z - n = 0$$
$$b^2 x - aby = 0$$
$$c^2 x - acz = 0$$

1re équation finale :

$$x\,(2 + b^2 + c^2) - y\,(1 + ab) - z\,(1 + ac) - (m + n) = 0$$

$$x - y - m = 0$$
$$abx - a^2 y = 0$$

2e équation finale :

$$x\,(1 + ab) - y\,(1 + a^2) - m = 0$$

$$x - z - n = 0$$
$$acx - a^2 z = 0$$

3e équation finale :

$$x\,(1 + ac) - (1 + a^2)\,z - n = 0$$

Des trois équations finales, on déduira ensuite les valeurs des inconnues x, y, z.

$$x = \frac{a}{(a-b)^2 + (a-c)^2} \left\{ m\,(a-b) + n\,(a-c) \right\}$$

$$y = \frac{b}{(b-a)^2 + (b-c)^2} \left\{ -m\,(b-a) + (n-m)\,(b-c) \right\}$$

$$z = \frac{c}{(c-a)^2 + (c-b)^2} \left\{ -n\,(c-a) + (m-n)\,(c-b) \right\}$$

Dans la discussion des résultats obtenus par M. Kulczycki, j'ai employé pour trouver les corrections x, y, z les moyennes entre les deux valeurs trouvées pour chaque inconnue, moyenne qui, sous la forme algébrique, est exprimée par les formules suivantes :

$$x = \frac{a}{2\,(a-b)\,(a-c)} \left\{ n\,(a-b) + m\,(a-c) \right\}$$

$$y = \frac{b}{2\,(b-a)\,(b-c)} \left\{ (n-m)\,(b-a) - m\,(b-c) \right\}$$

$$z = \frac{c}{2\,(c-a)\,(c-b)} \left\{ (m-n)\,(c-a) - n\,(c-b) \right\}$$

Ces valeurs ne se confondent avec les précédentes que dans le cas où l'on a $a = b = c$. Mais alors chacune d'elles se présente sous la forme de $\frac{0}{0}$; et dans ce cas particulier, en effet, les deux dernières équations de condition donnent $x = y = z$. Tous les chronomètres seraient d'accord pour accuser pour le point d'arrivée une longitude uniforme ; si l'on admet encore que les chronomètres ont varié proportionnellement au temps de la traversée et d'une égale quantité, on devra avoir $m = 0$ et $n = 0$. Si cette dernière condition n'existe pas, on sera certain que les chronomètres ont varié pendant la traversée suivant des lois diverses et que les deux premières équations de condition seront insuffisantes pour définir ; il y aura, en effet, une infinité de valeurs pour x, y, z, qui pourront y satisfaire.

En général, il sera préférable, pour déterminer les corrections x, y, z, etc., d'employer la méthode dite des moindres carrés ; cette méthode sera, je crois, plus exacte, et même plus rapide, lorsque l'on aura un grand nombre de chronomètres concourant simultanément à la détermination des longitudes.

Mon but, en refaisant les calculs de ces observations, n'a pas été, je le répète, de contrôler ceux de M. Kulczycki, car j'ai admis comme bons tous ses résultats ; j'ai voulu seulement comparer avec la sienne la méthode de calcul que nous avons donnée, dans la persuasion qu'elle devait conduire à des résultats beaucoup plus approchés. Du reste, M. Kulczycki n'a donné ses calculs que comme provisoires, et il s'occupe de recalculer ses observations. Nous nous félicitons d'autant plus de voir ce géomètre entreprendre ce travail, que, dans les manuscrits qui ont été renvoyés à notre examen par M. l'ingénieur hydrographe en chef, M. Kulczycki s'est montré calculateur habile et observateur consciencieux.

A. Vincendon-Dumoulin,
Ingénieur-Hydrographe.

TABLE.

Paris, imprimerie de Paul Dupont,
rue de Grenelle-St-Honoré, 45.

LIBRAIRES

CHARGÉS DE LA VENTE DES PUBLICATIONS

Du Dépôt de la Marine.

PARIS. — Ledoyen, Palais-National, galerie vitrée, nº 31.

DUNKERQUE. — Mme Théry, successeur de Veuve Lancel.

DIEPPE. — Deparis fils.

LE HAVRE. — Cochard.

ROUEN. — A. Le Brument.

CHERBOURG. — Le Poittevin.

GRANVILLE. — Mme Seyty, née Grimbot.

SAINT-MALO. — Coni-Beaugaire.

SAINT-BRIEUC. — L. Prudhomme.

BREST. — Veuve J.-B. Lefournier.

LORIENT. — Leroux-Cassard.

NANTES. — Demoiselles Forest.

LA ROCHELLE. — Aîs Caillaud.

BORDEAUX. — Chaumas-Gayet.

CETTE. — Alexandre Martin fils.

MARSEILLE. — Trabaud.

TOULON. — Marius Nouvelle.

PARIS, IMPRIMERIE DE PAUL DUPONT.

www.ingramcontent.com/pod-product-compliance
Ingram Content Group UK Ltd.
Pitfield, Milton Keynes, MK11 3LW, UK
UKHW021707090726
13657UKWH00005B/2090